ÉLOGE
DE M. TRIPIER.

ÉLOGE
DE M. TRIPIER,

PRONONCÉ

A L'OUVERTURE DE LA CONFÉRENCE DES AVOCATS,

Le 4 Décembre 1841,

PAR M. J.-B. JOSSEAU,

AVOCAT A LA COUR ROYALE DE PARIS.

(Imprimé aux frais de l'Ordre.)

PARIS.

A. GUYOT, IMPRIMEUR DE L'ORDRE DES AVOCATS,

37, RUE NEUVE-DES-PETITS-CHAMPS.

1841.

ÉLOGE DE M. TRIPIER.

Messieurs,

A une époque où la vue de tant de succès rapides jette dans l'esprit du jeune barreau une impatience et un découragement prématurés, il semble que cette solennité, consacrée à l'accomplissement d'un pieux devoir envers une illustre renommée entièrement conquise par la persévérance du travail, renferme un enseignement plus que jamais grave et fécond. C'est un spectacle bien digne, en effet, d'intérêt et d'étude, que de voir, derrière la brillante phalange des champions de l'ancien barreau, un jeune et pauvre athlète se tenant d'abord à l'écart, s'isolant dans le recueillement et la méditation, ces deux puissances de l'homme, selon l'expression de Mirabeau ; puis bientôt, entrant dans la lice, couvert d'une impénétrable armure, se mesurant sur un terrain prudemment choisi avec les plus redoutables rivaux, marchant à pas lents, mais marchant toujours sans déviation ni repos, jusqu'à ce qu'enfin, après avoir traversé la foule, il apparaisse, au premier rang, en possession de la véritable gloire, digne récompense de ses constans efforts. Depuis l'homme de loi de 1791 jusqu'au bâtonnier de 1828, quelle carrière parcourue, quels résultats accomplis ! L'éloquence judiciaire a changé de face : aux formes riches et solennelles a succédé un langage âpre et rapide ; les pompes oratoires ont fui devant les vigoureuses attaques d'une dialectique dépouillée d'ornemens ; une nouvelle école est fondée, et M. Tripier en est le chef !

En contemplant le prodigieux ensemble des travaux de cet homme qui n'a jamais perdu sa journée, on éprouve une sorte de vertige ! soit qu'on l'observe pendant ses trente-cinq années d'exercice de notre profession, soit qu'on le suive dans les rangs de la magistrature suprême ou au sein de nos assemblées politiques, on le voit à l'œuvre toujours avec une égale ardeur. Parvenu à l'âge où d'autres cherchent dans les dignités le repos et la retraite, ce robuste vétéran du barreau moderne n'y trouve qu'une occasion de donner une nouvelle direction à son infatigable énergie; et, peu soucieux des couronnes qu'il recueille en chemin, il termine en travaillant sa longue et belle carrière! Aujourd'hui que titres et dignités ont disparu dans la tombe, le moment est venu pour notre Ordre de revendiquer cette gloire qui lui appartient; c'est à lui qu'est réservé le soin religieux de rendre le dernier hommage à l'homme qui a su conserver pure, au milieu des grandeurs, l'illustration qu'il avait acquise dans son sein. Mission dangereuse et dont plus que tout autre j'aurais dû décliner l'honneur, si, sur la première page de la vie que votre bienveillance m'appelle à retracer, je n'avais lu cette encourageante devise, qui est son plus bel éloge : mieux vaut toujours remplir un devoir que reculer devant un péril! (Très bien!)

Nicolas-Jean-Baptiste Tripier naquit à Autun, le 30 juillet 1765. Son père exerçait dans cette ville l'état de pharmacien et de chirurgien. Confié jusqu'à l'âge de dix ans à l'un de ses oncles, curé de la petite paroisse de Chiddes, dans le canton de Luzy, il fut ensuite envoyé à Paris pour y continuer ses études dans l'austère collége de Montaigu. Dès la première année, un brillant succès vint couronner ses débuts. Il obtint au concours général le prix de sixième, et conquit ainsi l'avantage de terminer gratuitement son instruction. Jusqu'à la classe de philosophie, le jeune lauréat compta au nombre des meilleurs élèves; mais dans cette classe, où se révéla d'une manière éclatante l'aptitude de son esprit, tous ses rivaux furent éclipsés.

Au sortir du collége, M. Tripier se livra avec ardeur à l'étude du droit et à la pratique des affaires. Sous la direction de son frère aîné, procureur au Parlement, qui a laissé au Palais un nom honorable et distingué, il s'initia à tous les secrets de la procédure, en même temps qu'il assistait aux derniers retentissemens de l'éloquence de l'ancien barreau. Après six années de travail, M. Tripier, grâce à cette application soutenue dont il contracta l'habitude de bonne heure, avait acquis dans les affaires une rare maturité. Déjà même il touchait le seuil de cette profession dans laquelle son nom devait un jour être inscrit au premier rang, lorsqu'un décret de l'Assemblée constituante supprima l'Ordre des avocats et abolit les Parlemens.

Ainsi tombaient, comme tant d'autres, ces deux antiques institutions; sœurs d'origine, toujours unies dans leurs glorieuses résistances aux envahissemens du pouvoir, elles périssaient du même coup, après avoir donné, dans les jours de disgrâce, le salutaire exemple de cette union qui fait la force et la dignité de la justice. Aux parlemens abolis (et lorsqu'après discussion il fut reconnu qu'il y aurait encore des procès dans la société nouvelle), on substitua les tribunaux de districts ; au titre d'avocat succéda celui d'homme de loi. Généreux sacrifice qu'il faut bien comprendre, Messieurs, et dont on doit se garder de faire un reproche aux chefs illustres de l'Ordre qui composaient alors l'élite de l'Assemblée constituante ! Gloire à ces hommes qui, pénétrés d'un saint respect pour la pureté de nos anciennes traditions, aimèrent mieux déposer eux-mêmes leur robe que de la voir avilie, et voter la suppression d'un titre qu'ils ne pouvaient plus mettre à l'abri des profanations !

M. Tripier avait 25 ans quand cette noble résolution vint briser l'avenir qu'il avait rêvé. Que va-t-il devenir, lui, pauvre et ignoré, dans ces temps difficiles ? Sous le coup de la tourmente, vers quel but vont se diriger ses efforts ? Il pensa que le meilleur refuge était le sanctuaire de la justice. Admis aux fonctions d'avoué, il exerça en même temps, pour la défense des indigens, avec un zèle désintéressé qui lui mérita les éloges des tribunaux de l'époque, le ministère honorable de défenseur officieux. Mais est-il une carrière commencée que n'ait interrompue le règne de la terreur ? Dénoncé et arrêté, comme suspect, par la section de la Butte des Moulins, dans laquelle il avait rempli plusieurs fois avec courage les difficiles fonctions de président, il ne dut la vie qu'à l'intervention d'un généreux protecteur (1) qui avait su distinguer son mérite et l'honorait de son amitié. Ainsi se dispersait tout le barreau de cette époque sous la puissance des événemens contraires. Tandis que Bellart et Bonnet cherchent un asile dans les bureaux d'une administration ; tandis que Gairal et Delamalle attendent dans les cachots de la république le sort déjà subi par tant d'illustres victimes, Tripier, que l'obscurité de son nom n'a pu protéger, n'échappe aux proscriptions qu'en se réfugiant en Flandre, investi d'une mission du pouvoir exécutif. Revenu à Paris après le 9 thermidor, il continue de payer son tribut aux nécessités du temps, en acceptant du gouvernement les fonctions de substitut de l'accusateur public près le Tribunal criminel, et de ses concitoyens celles d'assesseur de juge de paix ; mais en l'an IV, après une année d'exercice , il s'empresse de se dépouiller de ces titres qui menaçaient son indépendance, et rentre avec bonheur dans la profession vers laquelle, malgré l'avis de tous, l'entraîne une vocation décidée.

Quelle est cette époque où se place le point de départ de la carrière de M. Tripier ? C'est l'une des plus remarquables dans l'histoire du barreau moderne. Dès que le calme se rétablit, de nombreux procès s'é-

---

(1) M. Paré, alors ministre de l'intérieur.

lèvent sur les débris des fortunes renversées. Rappelés par les cris du malheur et par les gémissemens des familles, reparaissent, à mesure qu'ils échappent au naufrage, des noms déjà célèbres sous le Parlement. L'éloquence refleurit au Palais; les audiences reprennent de l'éclat. Bientôt de nouveaux talens vont surgir, et l'Ordre aura reconquis sa gloire bien avant d'avoir recouvré son titre !

M. Tripier rentrait, à trente ans, au barreau avec des désavantages dont un seul eût intimidé une âme moins fortement trempée que la sienne. Petit de taille, ayant une voix aigre et une élocution sans élégance, il allait se trouver en lutte avec les héritiers des grands orateurs du Parlement. Seul pour faire connaître son nom au public , sans encourageante protection, il se perdait dans la foule de ces hommes de loi issus de la révolution, dont les vieilles gloires de l'ordre repoussaient le contact profane. Que d'obstacles à vaincre ! M. Tripier n'en fut pas effrayé. Il se souvint sans doute qu'un ancien jurisconsulte, petit et grêle comme lui, inhabile à la plaidoirie, luttant contre la misère, en butte à toutes sortes d'outrages, Dumoulin, à qui l'on pourrait le comparer sous tant de rapports, n'avait pas désespéré de l'avenir; et que, par la constance de son travail, il était devenu l'arbitre des rois et le défenseur des libertés de son pays. (Très bien !) Sans espérer pour lui la même gloire, M. Tripier sut cependant compter ses forces. Secrètement favorisé par la sévère simplicité des Tribunanx de districts et par les instincts de l'esprit moderne, n'avait-il pas pour lui la puissance de sa méthode, son admirable intelligence des affaires, son amour obstiné pour le travail, et, pardessus tout, l'énergie de sa volonté !

Quand on porte ses réflexions aujourd'hui sur le moment si utile à méditer pour nous, où ce jeune homme abandonné à lui-même, prit, au milieu des incertitudes du temps, cette courageuse résolution; quand on examine tout ce qu'il eut à faire pour réaliser en sa faveur la maxime consolante du bon Loysel, on ne sait ce qu'il faut admirer davantage ou de la vigueur de son caractère, ou de la puissance de son talent. Heureux sans doute ceux qui, dès leur début, rencontrent une amitié tutélaire, qui applaudit à leurs premiers succès ou les console de l'amertume d'un échec ! Mais honneur à celui qui, privé de ce puissant soutien, affronte seul les écueils , bien convaincu qu'au barreau la gloire se fait attendre et n'arrive qu'à ceux qui, par leurs vertus autant que par leur talens, l'ont depuis long-temps méritée !

M. Tripier se met donc à l'œuvre. Ne vous attendez pas à retrouver, dans les premières années de sa carrière, la trace d'une cause brillante dont le retentissement ait servi de point de départ à sa réputation. Le talent de M. Tripier n'eut ni date ni début. (Très-bien !) Long-temps ses confrères admirèrent en lui cette méthode nerveuse et cette clarté de déduction que nul ne possédait au même degré, avant que son nom eût traversé les limites du Palais. Mais demandez à ceux qui furent alors admis dans sa modeste retraite, par quelles études sérieuses par quels travaux assidus il se préparait aux luttes que lui réservait l'avenir. Comme il s'applique à percer les ténèbres de la législation qui s'enfante ! comme il scrute avec soin les affaires encore peu importantes qui lui sont confiées ! Aucun document législatif, aucune pièce de ses dossiers n'échappe à sa scrupuleuse investigation ! Difficile sur son travail, toujours mécontent de ce qu'il a fait, il n'abandonne jamais un problème sans l'avoir résolu, une question sans l'avoir épuisée. A l'audience, l'aplomb lui manque d'abord, mais il s'étudie, se perfectionne ; tirant à la fin parti même de ses défauts, il se fait pardonner à force de logique la rudesse de son langage, et, après de pénibles épreuves, il asseoit peu à peu sur des succès plus multipliés qu'éclatans les solides fondemens de sa renommée. (Applaudissemens.)

A chaque nature ses procédés et ses lois. Quand le talent a sa source dans cette sensibilité de cœur d'où naissent les mouvemens oratoires et les délicatesses du langage, il brille du plus vif éclat dans sa jeunesse : mais l'âge venant à épuiser la sève qui le vivifie, il languit bientôt, se décolore et meurt. Celui, au contraire, que la raison seule anime et que la science féconde, ne présente d'abord qu'un aspect terne et sans couleur ; mais il grandit et se fortifie avec le temps, parce que le temps donne à son principe lui-même plus d'étendue et de maturité.

Ainsi procède M. Tripier. Marquant chaque jour par un progrès, s'avançant toujours sans reculer jamais, il perce peu à peu la foule, et, dans les premières années du consulat, on le voit, chargé des plus importantes affaires, se mesurer avec les hautes célébrités de l'Ordre. L'éloquent Delamalle ; Bonnet, dont la causerie spirituelle et de bon goût a été si habilement appréciée dans cette enceinte (1) ; Blacque, émule de Gerbier, tels sont les dignes adversaires qu'il trouve en sa présence. Enfin, il a franchi cette barrière, pour tant d'autres infranchissable, qui sépare la sphère obscure où le talent végète de la sphère lumineuse où il se développe avec éclat. Fortifié par le succès, libre dans ses allures après une aussi longue contrainte, le sien va se révéler désormais avec toutes ses qualités sérieuses et solides. Et pourquoi hésiterions-nous maintenant à vous dire qu'au moment même où M. Tripier se faisait place dans les premiers rangs du barreau, il

---

(1) Discours de M. de Haut, novembre 1840.

obtenait, grâce seulement au bénéfice de prescription établi par la loi du 22 ventose an XII, le diplôme de licencié en droit ?

A partir de cette époque, sa réputation s'accroît avec rapidité. Bientôt M. Tripier ne marchera plus seul dans la voie qu'il s'est tracée. A son insu peut-être, il remplit une mission. Le système nouveau de plaidoirie qu'il a introduit au Palais trouve des imitateurs. Dans ces rudes combats qu'il livre aux illustres représentans de l'ancien barreau, ce n'est déjà plus un simple assaut de talens qui attire aux audiences des flots d'auditeurs ; c'est une lutte entre deux écoles ! D'un côté, c'est l'éloquence ancienne avec son éclat et son prestige ; de l'autre, c'est l'éloquence moderne avec sa force, parfois même sa rudesse. Celle-ci est éclipsée d'abord, mais le succès la relève ; et lorsqu'en 1810 l'Ordre, légalement rétabli, donnait, après vingt ans d'intervalle, pour successeur au savant Tronchet son illustre panégyriste (1), l'école nouvelle pouvait déjà pressentir son triomphe !

Arrêtons-nous ici, Messieurs. Une révolution s'est opérée dans la langue du Palais. Pour bien en apprécier le caractère et la portée. il faut jeter un coup-d'œil sur le passé et voir par quelles causes, par quels besoins de l'époque, indépendamment du mérite de son auteur, elle a pu s'accomplir.

L'éloquence judiciaire en France, depuis qu'elle a cessé de se réduire aux termes d'un appel en champ-clos sous l'invocation des idées religieuses, a eu trois âges distincts. A la fin du XVIe siècle, règne au Palais une faconde prétentieuse et sans goût. Emerveillés des trésors de science venus d'Orient, et que déjà propage l'imprimerie, les esprits se passionnent pour l'étude des anciens auteurs, et la perturbation se jette dans le langage comme dans les idées. Une érudition indigeste déborde de toutes parts. Les plaidoyers se parsèment d'hébreu, de grec, de latin. Une fureur de citations disparates qui place dans la même page les auteurs sacrés et profanes, les Dieux de la fable et les saints, l'histoire ancienne et l'histoire moderne, défigure tous les discours ; et l'on voit, dans une mercuriale, un magistrat célèbre (2) renvoyer les procureurs à l'Iliade pour y apprendre les devoirs de leur profession. Glissons rapidement sur cette époque : elle était digne de passer sous le pinceau de Rabelais !

Un demi-siècle s'écoule. Long-temps stationnaire au milieu du progrès, la langue du Palais commence à se purifier sous l'influence d'illustres modèles. Déjà précédés dans cette voie par Etienne Pasquier, Antoine

---

(1) M. Delamalle.
(2) Achille de Harlay.

Lemaître et Patru y apportent la correction et l'art du raisonnement.
Suivez la chaîne des temps, traversez le règne florissant des belles-lettres,
et admirez enfin à loisir cet âge où l'éloquence judiciaire semble avoir
atteint sa complète maturité, sa plus haute perfection. Grâce à l'étude
des chefs-d'œuvre littéraires enfantés par le siècle de Louis XIV, le pé-
dantisme est banni du Palais; l'élégance et la pureté du style se marient,
dans les plaidoyers, à une science de bon goût. Le discours, toujours
animé par un grand principe de morale ou d'équité, est ordonné avec art
et présente dans son ensemble une majestueuse harmonie. C'est l'éloquence académique transportée au Palais par d'Aguesseau et Cochin.

Mais est-il des bornes aux ressources du génie oratoire? Avec le XVIIIᵉ
siècle une nouvelle école s'annonce. L'étude de l'histoire, de la philosophie, du droit public, entraîne les esprits vers la critique et l'examen.
Le Barreau ne pouvait pas rester étranger à ce mouvement. Le cercle
de ses études s'élargit; son langage, s'élevant au-dessus des intérêts par-
ticuliers, aborde les théories générales. Déjà la révolution gronde dans
ses discours. L'orateur s'attache à peindre, à remuer les passions. Sans
perdre la pureté de ses formes, l'éloquence acquiert de l'impétuosité,
de la chaleur; elle devient déclamatoire et dramatique. Le type de
cette école, vous l'avez nommé, c'est Gerbier.

La révolution s'est accomplie. Les derniers échos de cette éloquence
vive et improvisée sont allés retentir sur un plus vaste théâtre, à la tribune politique. Les portes du parlement fermées par la milice nationale,
l'enseignement du droit prohibé, la défense livrée à tout venant, l'éloquence judiciaire a-t-elle enfin trouvé son tombeau? Rassurez-vous,
Messieurs; un instant exilée, on la voit bientôt reparaître. Mais quel se-
ra son caractère? Après avoir été pédante au siècle de la réforme, harmo-
nieuse, mais froide au temps poli de la belle littérature, passionnée sous
l'influence des grondemens précurseurs de la révolution, quels accens
seront désormais les siens? Comme toujours, elle les trouvera dans le
génie de l'époque.

Les assemblées politiques ayant dévoré presque tous les talens re-
nommés de l'ancien ordre, on ne voit plus, quand il se reforme après le
9 thermidor, que deux classes d'hommes au palais. Les uns, remplis
des souvenirs du Parlement, qui a vu commencer leur réputation,
ont conservé les formes solennelles de leurs maîtres sans en avoir pour-
tant la fougue et l'impétuosité. C'est l'école ancienne nuancée, obéissant
aux exigences du temps et présentant déjà plus de vivacité dans ses procédés. Les autres sont les hommes nouveaux que la révolution a trouvés
jeunes, qu'elle a élevés, qu'elle a nourris de ses idées. Sans souvenirs et
sans regrets, ils pénètrent plus librement dans l'esprit de l'organisation

nouvelle ; ils se forment de bonne heure à ses allures franches et déci-
dées. C'est l'école moderne qui s'avance ; son symbole est la rapidité.

Pouvait-il en être autrement, quand tout alors était empreint du même caractère ? En diplomatie, on enlève des traités en une séance. A la
guerre, on s'élance au pas de course ; l'armée suit de près le feu de ses
canons. Dans l'administration, un large système de centralisation place
la France entière sous la main du chef de l'Etat. En législation, on resserre
d'énormes coutumiers dans un code. De même, au barreau, l'éloquence ,
rejetant ces riches hors-d'œuvres préparés à l'avance et s'adaptant à
toutes les causes, va droit à la démonstration. A la pompe du style on
préfère l'enchaînement des idées. En face d'une loi brève, en présence de
magistrats pressés de juger, l'avocat cherche avant tout la clarté, la précision. Négligeant les tours oratoires et les développemens d'une science
vieillie, il abaisse son ton, simplifie sa forme et marche vers son but
avec plus d'habileté que d'éclat. Son discours manque souvent de couleurs; mais quel enchaînement dans ses idées ! Voyez-le à l'audience ;
comme il foule aux pieds l'or et les pierreries semés devant le juge !
comme il arrache le riche bandeau dont l'art a su couvrir sa vue ! comme il pénètre ensuite au fond de sa conscience pour y jeter une vive lumière ! Et quand il la tient captive sous la puissante étreinte de son argumentation , avec quelle vivacité il porte le coup mortel au cœur
de son adversaire ! Voyez cet homme au front large et développé,
dont la tête dépasse à peine la barre des Tribunaux, voyez-le dressé pendant des heures entières sur la pointe de ses pieds, l'œil animé, semblant se cramponner au juge, tenant son attention asservie par l'énergie
de sa parole et par cette voix à laquelle il sait donner des vibrations mé-
talliques : cet homme, c'est le chef de l'école que je viens de peindre,
c'est Tripier ! (Applaudissemens.)

Reprenons le cours de sa carrière placée désormais dans un jour
plus éclatant. Sous l'empire, époque de retraite pour le Barreau ,
une affaire du plus haut intérêt vint mettre le sceau à sa réputation. C'est celle qui amena l'un des personnages les plus importans de
l'époque, le sieur Reynier, sur les bancs de la Cour d'assises pour répon-
dre à une accusation de faux. Ce procès eut un tel retentissement, qu'il
détourna, dit-on, les esprits des grands événemens qui se passaient alors.
Le scandale de ses débats se continua pendant vingt-trois séances. Le ministère public perdit sa cause : M. Tripier, avocat du sieur Michel, partie
civile, gagna la sienne. Par sa lumineuse discussion autant que par les
rudes coups qu'il avait portés à ses adversaires, il fit décider ce point
important et encore neuf alors en jurisprudence, que la sentence des

juges criminels n'enchaînait pas la conscience des juges civils; et, malgré l'acquittement des accusés, malgré la violence des écrits publiés contre eux , non seulement les dommages-intérêts qu'ils réclamaient leur furent refusés par la Cour, mais l'acte lui-même dont ils demandaient l'exécution fut plus tard proclamé faux en première instance et en appel !

M. Tripier avait triomphé dans la sphère spéciale de son talent. Bientôt une occasion solennelle se présenta pour lui de le produire sous un nouveau jour. En 1815, sous la première restauration, il eut pour client Louis Bonaparte, comte de Saint-Leu, ancien roi de Hollande. Du fond de l'Italie, où il se consolait sans peine dans l'étude des lettres du noble sacrifice qu'il avait su faire de sa couronne pour conserver son indépendance, ce prince redemandait à la justice de son pays l'aîné de ses fils, Napoléon Louis, dont la reine, son épouse, Hortense-Fanny de Beauharnais, avait jusqu'alors dirigé l'éducation. Combien fut touchant le spectacle offert par cette cause ! Bien différente de celle dans lesquelles s'agitent les plus cupides passions, elle présentait un tableau aussi majestueux dans son ensemble qu'attachant par ses détails. Il était beau de voir ces deux époux jadis couronnés, éloignés par de malheureux débats et déchus des grandeurs du monde, concentrer toute la puissance de leur amour sur l'aîné de leurs enfans, l'un pour l'attirer à lui sur la terre étrangère, l'autre pour le retenir sur le sol de la patrie. Roi, reine, prince, princesse, tous ces vains titres avaient disparu : on ne voyait plus dans la cause qu'un père, une mère luttant d'affection et de tendresse, se disputer le droit de prodiguer des soins exclusifs à leur enfant. Dans ce procès où la question de droit s'effaçait devant des considérations pleines du plus vif intérêt, M. Tripier, défenseur du comte de Saint-Leu, eut l'honneur de vaincre un adversaire redoutable sur ce terrain spécial, M. Bonnet. Pendant plusieurs séances il sut, non-seulement captiver l'attention des juges, mais aussi exciter l'admiration du public qui se pressait en foule aux audiences. Le dialecticien s'était élevé à des mouvemens oratoires ! Dans un style non moins chaud que nerveux et toujours digne de son sujet, il avait fait partager à l'auditoire l'émotion qu'il éprouvait lui-même ; dans son cœur de père il avait trouvé toutes les inspirations de l'éloquence !

L'année 1815 fut féconde pour M. Tripier en distinctions de toutes sortes. Il avait plaidé pour un roi sans couronne ; il fut nommé, pendant les cent jours, membre de la Chambre des représentans par le collége électoral du premier arrondissement de Paris ; il défendit Lavalette.

Au retour de la restauration, les procès politiques commencèrent. Déjà Labédoyère et Ney avaient été sacrifiés aux exigences de cette Chambre, que l'on surnomma depuis la terreur de 1815. On avait cru trouver en eux les chefs du prétendu complot militaire qui avait préparé le miracle du 20 mars. Il fallait découvrir le chef du complot civil. L'opinion désignait Lavalette. Aide-de-camp de Bonaparte en Egypte et en Italie, constamment dévoué depuis à la personne de l'empereur, il avait un des premiers tressailli à la nouvelle, et tandis que Napoléon préparait à Fontainebleau sa merveilleuse rentrée dans Paris, il reprenait, sans résistance, possession de la Poste, dont il avait été pendant douze ans le directeur. Dévoûment stérile ! Quelques mois vont s'écouler, il se nommera conspiration ! En butte aux plus odieuses calomnies, le comte de Lavalette, demanda des juges : on ne les lui fit pas attendre. Après la Cour des pairs et les commissions militaires, la Cour d'assises fut appelée à fournir au parti de la réaction son contingent de coupables. Le choix que fit de M. Tripier, pour sa défense, le parent et l'ami de Mme la comtesse de St.-Leu, est à lui seul un éloge. L'acceptation de cette défense, au milieu des passions de l'époque, était un acte de courage. Le vénérable Delacroix-Frainville, que M. Tripier s'était adjoint, prévoyant bien le sort réservé à son client, éprouva un moment de faiblesse : alors avancé en âge, il sentit ses forces lui manquer ; et, comme un jour il proposait, en présence de Lavalette, un autre confrère : « Je n'ai besoin de personne, répondit M. Tripier, je défendrai tout seul mon client ; c'est mon devoir ; aucune considération ne me fera reculer. »

Aussi, le jour de l'audience venu, il remplit sa mission avec une véritable intrépidité. Comment vous donner une idée de l'effet produit par cette plaidoirie, dans laquelle, avec une admirable puissance d'analyse et d'argumentation, il renversa une à une toutes les attaques véhémentes de l'accusation ? Inutiles efforts ! En vain faisant une dernière tentative pour sauver la tête qui lui était confiée, il demanda la division des questions de complot et d'usurpation de pouvoirs. Que pouvaient le talent et l'habileté contre les passions ? Lavalette fut condamné à mort. La providence, plus indulgente que la justice des hommes, avait réservé à l'ingénieux dévoûment d'une noble épouse le bonheur d'arracher cette tête si chère à l'échafaud déjà dressé ! Que cette gloire lui reste : qu'ils en recueillent leur part aussi, ces généreux étrangers qui, achevant son œuvre, n'ont pas craint d'encourir d'honorables châtimens pour épargner à la fureur des partis une nouvelle victime de nos dissensions politiques !

Le défenseur de Lavalette avait fait son devoir. Il est curieux de lire dans les mémoires de ce dernier comment il rendait justice à son dévoûment :

« Le premier de mes avocats, dit M. de Lavalette, était un homme
» d'un esprit froid, juste et logique. Le meilleur moyen de se préparer
» à me défendre fut de m'attaquer sur tous les points. Qu'avais-je à
» faire à l'hôtel des Postes? Pourquoi venir si matin? pourquoi le
» courrier envoyé à Fontainebleau ? Pourquoi donner des ordres dans
» la journée? Pourquoi ce bulletin qui court la France entière par des
» courriers de la malle? Pourquoi arrêter les journaux et surtout le
» *Moniteur*, qui contenait la proclamation du Roi ? Enfin c'était à n'en
» plus finir. »

En effet, M. de Lavalette révèle ici une tactique familière à M. Tripier; se constituant tout d'abord l'adversaire de ses cliens, il leur faisait mille objections, afin de s'aider de leurs réponses et de connaître
mieux, en se plaçant sur son terrain, les secrets de l'ennemi qu'il avait
à combattre.

Depuis l'affaire de M. de Lavalette, M. Tripier, que le caractère de son
talent éloignait des procès politiques, ne reparut plus que dans l'un
d'eux, celui de la *souscription nationale*, où sa présence, comme défenseur de Gévaudan, et la modération de sa plaidoirie, ne furent pas sans
influence sur l'heureuse issue du procès.

Mais parcourez les annales de la justice civile, vous le verrez chargé
de rôles importans dans toutes les affaires où s'agitaient les plus hauts
intérêts en même temps que les plus graves questions de droit.

Dès l'année 1815, il avait été nommé avocat de Monsieur, comte
d'Artois. En 1818, son plaidoyer pour le sieur Julien, contre lequel le
duc d'Orléans réclamait la propriété du Théâtre-Français, lui mérita une
autre distinction. Les prétentions du prince, déjà défendues par la haute
autorité de son conseil, avaient été brillammeut soutenues à l'audience
par le talent de M. Dupin aîné; la cause du client de M. Tripier sem-
blait désespérée. Mais telle fut l'effet du savoir profond à l'aide duquel
il illumina les obscurités de ce procès, qu'il força son illustre adversaire lui-même à douter de son droit et amena une transaction honorable pour
toutes les parties. Après cette affaire, M. le duc d'Orléans, lui donnant
la plus haute marque de l'estime que lui avaient inspiré son talent et son
caractère, l'appela au sein de son conseil privé, dont le savant Henrion
de Pensey disait, quelques années plus tard, qu'il était la lumière.

Le temps nous presse, Messieurs. Combien de grands procès il me
faut passer sous silence. Que ne puis-je vous parler des affaires Stacpoole,
Delamarre, Perdonnet, du *Journal de Paris* et de tant d'autres dans
lesquelles M. Tripier contribua puissamment à fixer les incertitudes de
la jurisprudence sur un grand nombre de graves difficultés, et acquit

ainsi sur l'esprit de la magistrature l'autorité la plus haute et la mieux méritée ?

Rappelons du moins un procès où, comme dans celui du comte de Saint-Leu, il sut rencontrer les accens d'une chaleureuse éloquence. Il plaidait en audience solennelle pour le docteur Gilles de Han, contre lequel M. Gairal demandait la nullité d'un legs universel fait en faveur de ce médecin par sa femme, à laquelle il avait donné des soins pendant sa dernière maladie. M. Tripier s'en indigna dans sa réplique ! Pressé par l'heure, et usant alors d'une tactique habile pour obtenir le bénéfice d'une seconde audience, il laissa de côté les faits du procès, développa à l'improviste cette thèse : que si l'amour n'avait pas pu inspirer le don, l'amitié seule et la reconnaissance avaient pu le motiver; « et pendant un quart-d'heure, raconte un de ses illustres confrères qui fut plus tard son collégue dans la magistrature, on vit la Cour et l'audience entière émerveillées d'entendre cet avocat, si didactique ordinairement et si peu passionné, s'exprimer avec une chaleur d'âme qui contrastait singulièrement avec sa sécheresse habituelle, monter par degrés, et rencontrer sans efforts un choix exquis d'expressions, dont l'admirable justesse exprimait avec un rare bonheur le sentiment si pur dont il se montrait si animé ! »

De même que le talent de M. Tripier n'avait pas eu de date, il n'eut pas non plus de déclin. Tandis que le temps fait pàlir et disperse une à une toutes les gloires de l'ancien barreau, M. Tripier, resté seul debout sur le champ de bataille, entre en lutte avec une génération nouvelle, et conserve jusqu'à la fin un esprit plein de vigueur et de jeunesse. C'est seulement en 1825, à l'âge de 60 ans, qu'averti par une faiblesse éprouvée à l'audience, il abandonne le Palais pour se livrer à la consultation. Ecoutez, Messieurs, les adieux que lui faisait alors un grand orateur, en audience solennelle, au nom du barreau tout entier :

« Dans cette cause difficile et chargée de détails minutieux, disait M. Berryer, la dernière que ce grand avocat aura plaidée devant vous, il a précisé les questions que vous devez juger, avec cette netteté de vues, cette élocution pénétrante, cette puissance de dialectique, caractères distinctifs d'un talent que nul n'a surpassé. Si dans nos luttes judiciaires il a pu rencontrer parfois des adversaires heureux, toujours il sut se montrer notre modèle et notre maître; c'est un hommage qu'on ne cessera point de lui rendre, et dans ce moment où le barreau gémit de la résolution qu'il a prise de ne plus se faire entendre, il me semble qu'après avoir joui de ses exemples, je remplis un devoir quand je cède au besoin de saluer cette longue renommée qui va se conserver au milieu de nous, cette haute et glorieuse réputation qui demeurera toujours attachée à son nom. »

Vous l'entendez, Messieurs, la carrière de M. Tripier au Palais est terminée. Comment maintenant accomplir jusqu'au bout ma tâche et apprécier l'avocat en lui-même? Comment caractériser aujourd'hui sans
l'avoir entendu, et après deux habiles panégyristes (1), le talent de cet
homme qui n'a laissé après lui d'autre trace de ses admirables plaidoiries que quelques notes desquelles on pourrait dire *breves quidem
sed succi plenæ*, et le souvenir chez nos anciens de l'impression profonde que sa parole produisait devant les tribunaux?

Il semble surtout que mon embarras doive s'accroître quand, à ce
nouveau point de vue, se présente immédiatement cette question :
M. Tripier fut-il éloquent?

On se ferait une bien fausse idée de l'éloquence judiciaire, si l'on se
la représentait continuellement au milieu des larmes et des sanglots,
se livrant sans cesse à des mouvemens tumultueux et passionnés. Ce
n'est pas ainsi que la comprenait l'un des orateurs les moins suspects
d'erreur sur ce point, M. Delamalle. Son véritable caractère, dit-il, est
la gravité, la sévérité. Parlant au nom de la loi, s'exerçant sur des intérêts précieux, s'adressant à des magistrats, elle doit être claire et sérieuse, mesurée dans sa chaleur, convenable et décente dans l'emploi
des passions. Aussi, au XVIe siècle déjà, où la parole se laissait aller à
de si burlesques écarts, voyez comment un illustre maître (2) résumait
les qualités de l'avocat. Contrairement à Cicéron, il voulait qu'il fût
plus savant en droit et en pratique que beau parleur, *plus dialecticien
que rhéteur et plus homme d'affaires et de jugement que de grand et
long discours.*

Si tel est le type de l'avocat, M. Tripier n'en est-il pas la réalisation?
Quoi de plus remarquable que la structure nerveuse de ses plaidoyers?
L'exorde embrasse tout le sujet. Vous sentez ensuite, comme un voile
qui se soulève, s'écarter peu à peu toutes ces circonstances accessoires
qui obstruent l'accès des esprits même les plus distingués : le terrain
ainsi préparé, les faits substantiels apparaissent en relief, les questions
de droit se dégagent et l'orateur entre vivement dans la discussion. Là,
vient se placer un large principe de législation ou de morale; ce principe, il l'imprime avec force dans la tête et dans le cœur du magistrat;
il en fait l'âme de sa cause et inspire à tous le besoin d'en trouver la

(1) M. Dupin, *Discours de rentrée*, 1840: Z..., *Droit*, du 17
mai 1857.

(2) Loysel, *Dialogue des Avocats.*

consécration dans la loi écrite. C'est alors qu'il faut le voir aborder le texte, en mettre au jour l'esprit et les termes, élever devant lui une masse imposante d'arrêts et d'autorités; puis, se précipitant dans le système adverse comme dans un camp ennemi, broyer les sophismes, exposer dans toute leur nudité devant la conscience effrayée du juge les iniques résultats qu'il excelle à en faire ressortir en grand nombre, et démontrer enfin, avec une éblouissante clarté, après l'avoir fait vivement désirer, l'impérieuse nécessité de son interprétation. Les bases une fois convenues, il faut le suivre de conséquence en conséquence; tout est scellé avec un ciment indestructible. Comme sa renommée, son discours procède avec lenteur; chaque détail en est disposé avec un soin minutieux; de tous côtés, à mesure qu'il s'avance, il s'entoure de bastions et de remparts; et, quand la dernière pierre est venue couronner l'œuvre, si le terrain est bon, c'est une citadelle inexpugnable!

Ne demandez pas à M. Tripier ces élans oratoires qui remuent l'âme de l'auditeur. La rectitude de son jugement lui en révèle le siége; il les indique même au passage; mais, tout entier à l'enchaînement de ses idées, pourrait-il, sans en amolir le nerf, pousser l'expression du sentiment jusqu'à la chaleur? Pour lui toute digression est un écueil qu'il faut éviter; c'est toujours avec l'arme des lois qu'il attaque, qu'il combat et qu'il triomphe. Admirons cependant les ressources infinies de cette puissante organisation! Dans des circonstances solennelles, on le voit s'échauffer avec son sujet; son âme est remuée, sa parole étincelle, et l'émotion se répand, en même temps que devant les yeux du juge se déroulent des flots de vérité et de lumière.

En vain aussi chercherait-on dans ses plaidoyers ce style coloré, ces enjolivemens extérieurs qui donnent aux pensées de la fraîcheur et de l'éclat. Pressé par le démon de la logique, suivant une expression qui lui a été heureusement appliquée, a-t-il le temps de chercher ces tours brillans qui charment si rarement l'oreille sans nuire à la rapidité du discours? Il n'ira pas sans doute jusqu'à l'oubli des règles du langage; mais ce qu'il cherche surtout, ce qu'il trouve toujours, c'est le mot le plus propre à exprimer sa pensée avec vitesse et précision.

Qui ne serait tenté de croire que l'âpreté habituelle de son langage, dépouille son discours de tout intérêt? Au contraire, ce qu'il perd en éclat, il l'acquiert en vigueur; sans entraves dans sa marche, son argumentation devient plus pressante. On ne l'entendait jamais sans vouloir l'écouter. Que de fois ne vit-on pas l'auditeur que le hasard ou la curiosité avait conduit à l'audience, s'y trouver retenu malgré lui par l'attrait irrésistible de sa vive dialectique et une plaidoirie commencée dans une salle presque vide se terminer devant un nombreux auditoire? Le juge lui-même n'échappait pas à l'ascendant de sa parole : malgré

la longueur habituelle de sa plaidoirie, où nul moyen n'était omis, rarement une interruption, qu'il eût mal accueillie d'ailleurs, venait en
briser le cours. On sentait qu'aucun de ces développemens, parmi lesquels chacun pouvait choisir l'élément de sa conviction, n'était étranger
à la cause, et qu'à l'écouter jusqu'au bout, personne, en définitive,
n'aurait perdu son temps.

C'était une beauté mâle que celle des plaidoyers de M. Tripier. Ils
offraient l'aspect, non d'un tableau animé de vives couleurs, mais plu-
tôt d'une sévère statue de bronze, au ton uniforme, aux vigoureuses
proportions. Comme l'éclat, la force a sa beauté ! On se plaît à voir ce
qui charme les yeux, on admire ce qui impose. Telle est la merveilleuse richesse de notre nature, que la beauté jaillit non seulement des
inspirations du cœur, mais aussi du travail habilement conçu d'une
haute intelligence ! Et quand ce travail est exprimé dans un langage
passionné, quand il se traduit avec cette véhémence, avec chaleur d'âme
qui se communique à tout l'auditoire, le remue et le captive, songe-t-on
alors à se demander dans quel style et par quels moyens est produit
cet admirable effet ? N'est-ce pas la parole dans toute sa puissance, n'est-
ce pas l'éloquence enfin ? (Très-bien !)

A côté des plaidoyers de M. Tripier, plaçons sans crainte ses consul-
tations si laconiques, si substantielles. Sous ce rapport, on peut dire à
son éloge qu'il fut toujours de l'ancienne école. On sait combien de travaux coûtaient à nos célèbres avocats d'autrefois ces remarquables con-
sultations qui exerçaient devant la justice la plus légitime autorité, tandis que, dans le public, elles avaient parfois tout l'intérêt des œuvres littéraires. Fidèle à ces précieuses traditions, M. Tripier montrait sur ce
point une excessive réserve. Plus l'influence de son opinion était grande,
plus il craignait de la prodiguer légèrement. Un examen approfondi et
souvent des débats consciencieux avec le savant jurisconsulte dont il ne
cessa de rechercher l'amitié et les lumières (1) précédaient l'émission
de son avis sur la prétention en faveur de laquelle le poids de son nom
était sollicité.

Depuis trois ans, M. Tripier se livrait exclusivement à ce genre de
travaux, lorsque le conseil de discipline, dans le sein duquel il avait
siégé sans interruption depuis 1815, lui décerna la suprême récompense
due à son immense mérite, en le nommant à l'unanimité bâtonnier de
l'Ordre.

Cette dignité fut pour lui le prélude de toutes les autres. Élevé bientôt aux plus hautes fonctions de la magistrature et de la politique, il va

---

(1) M. Grappe, professeur de droit civil.

s'y poser comme dans une nouvelle arène et y porter cette verdeur d'esprit, cet amour du travail qui l'ont distingué jusqu'à son dernier jour.

A la fin de l'année 1828, il est nommé conseiller à la Cour royale de Paris. Quelques jours après la révolution de Juillet, il devient président de Chambre. En 1831, il est appelé à occuper un siége à la Cour de cassation.

A l'entrée de M. Tripier dans la magistrature, notre appréciation ne doit-elle pas s'arrêter? Les qualités du magistrat ne sont pas de celles qui jettent un vif éclat au dehors; non moins modestes qu'austères, elles se développent et demeurent long-temps ensevelies dans l'enceinte de la chambre du conseil. Cependant un jour arrive où il se répand autour du magistrat consciencieux et éclairé je ne sais quelle imposante majesté qui lui sert d'auréole et inspire le respect à tous ceux qui l'approchent. Cette douce récompense n'a pas manqué à M. Tripier. Déjà il avait su la mériter de ses anciens confrères, lorsque, président de chambre, il prêtait à leurs plaidoiries la plus religieuse attention, sachant, par sa longue expérience, combien l'avocat puise de courage dans ce recueillement du magistrat si conforme d'ailleurs aux intérêts et à la dignité de la justice. A la Cour suprême, la remarquable lucidité de ses rapports, la rare mémoire avec laquelle il résumait dans la chambre du conseil toutes les raisons saillantes de chaque affaire, et la conscience scrupuleuse parfois jusqu'à la timidité qu'il mettait à donner son avis, l'avaient placé si haut dans l'estime de ses collègues, qu'ils le désignaient comme l'un des plus dignes d'être appelé un jour à l'honneur d'une présidence.

A ceux qui répandent ou partagent cette fausse opinion, qu'un long exercice au barreau est une mauvaise préparation aux fonctions de la magistrature, nous pouvons opposer, à toutes les époques, de glorieux exemples : autrefois, Pierre Pithou, Loysel, Etienne Pasquier, Omer Talon! de nos jours, pour n'en pas nommer d'autres encore, M. Bonnet et M. Tripier! Soyons fiers d'appartenir à une profession qui, par les études qu'elle exige, par le relief qu'elle donne aux grands talens et aux grandes vertus, a de tout temps été le chemin des plus hautes dignités! Soyons-en fiers et aimons-la, non pas parce qu'elle a toujours conduit à la gloire et aux succès, mais parce qu'elle inspire cette noblesse de cœur, cette générosité d'âme, sans lesquelles une aussi longue tradition de succès et de gloire serait inexplicable !

M. Tripier avait conquis la meilleure partie de sa renommée, quand la vie politique vint réclamer son expérience et ses lumières. Il n'avait fait que passer sur la scène dans cette courte législature des cent jours, qui vota la fameuse déclaration de la souveraineté du peuple portant que le chef de l'Etat tiendrait sa couronne du président de la chambre, son épée du ministre de la justice. Elu de nouveau en 1822, comme député de l'opposition, par l'un des colléges électoraux de Paris, appelé dix années après par le choix du Roi à la diguité de pair de France, on le voit rarement se jeter dans les luttes ardentes des partis. Inaccessible à la passion du moment, il ne prend part aux discussions orageuses que pour rappeler les chambres aux principes de la constitution ou au sentiment de leur dignité. Mais voulez-vous avoir une idée de l'importance des services par lesquels sa présence est signalée au sein de nos assemblées législatives ? Relisez, Messieurs, les travaux préparatoires de toutes les lois relatives à des intéréts commerciaux ou civils, administratifs ou judiciaires, travaux désertés du plus grand nombre , où M. Tripier ne manquait jamais d'apporter des vues souvent fécondes et toujours profondément méditées. Etudiez les rapports dont il fut chargé dans les commissions par la confiance de ses collègues, et surtout celui sur la loi des *faillites*, qui restera toujours un chef-d'œuvre de clarté, de méthode et de profond savoir. De nos jours, où la politique de circonstance semble absorber presque entièrement l'attention des chambres, n'est-il pas précieux de trouver dans leur sein quelques-uns de ces hommes modestes et consciencieux qui, sans se rebuter devant l'aridité d'aucun travail, ambitionnent moins l'éclat éphémère d'un succès de tribune que l'honneur d'attacher leur nom à des améliorations aussi importantes que durables ? A chacun sa mission dans cette refonte successive de notre législation : celle que choisit M. Tripier fut la moins brillante peut-être, mais, à coup sûr, ce ne fut pas la moins utile pour son pays !

Qu'ai-je de plus, Messieurs, à vous faire connaître ? Par sa vie publique, vous devinez sans peine sa vie privée. Elevé avec rigidité par son oncle, accoutumé à vivre de peu dans les études de procureur, forcé de borner ses besoins pendant ses longs débuts, il conserva plus tard, au milieu de la richesse et des honneurs, la simplicité dont il avait contracté l'habitude dans sa jeunesse. Autant la forme abrupte de son style tranche sur les dehors brillans de celui de ses anciens confrères, autant l'austérité de ses habitudes fait contraste avec le luxe moderne. Comme il écarte le superflu de ses discours, il bannit le faste de sa maison.

Il est admirable de voir combien cet esprit si ferme et si actif achève de travaux en une journée. Chaque heure a sa tâche déterminée à l'avance et remplie ensuite avec une mathématique précision. Partagé entre des fonctions de toute nature, il applique aux plus petites la même attention qu'aux grandes ; il fait chaque chose en son temps, en son lieu, avec ordre et méthode. Magistrat ou pair de France, membre du conseil privé du roi ou membre du conseil-général de la Seine, membre du conseil d'administration des hospices ou de la société du patronage des jeunes détenus, inspecteur des écoles primaires ou administrateur des Jeunes-Aveugles, conseiller municipal ou fabricien, il suffit à tout, surpasse partout ses collègues en zèle et en dévoûmnnt ; et, au milieu de tant d'occupations, le travail semblant lui manquer encore, il se montre le plus exact à remplir les devoirs du monde et de l'amitié.

Au palais, il est prêt à toutes les audiences. Sans agenda, il n'oublie aucune affaire, et il plaide chacune d'elles comme s'il n'en avait pas d'autres. Quelle indomptable énergie! Travaillant partout et toujours, il trouve l'isolement au milieu même de la foule. Soit qu'on le voie courbé sur ses dossiers dans le plus obscur recoin d'une salle d'attente, soit qu'on l'observe à l'audience lorsque, les yeux constamment fermés, plongé dans un profond recueillement, dont l'apparence équivoque fit trembler plus d'un inquiet plaideur, il écoute pendant des heures entières un adversaire, auquel il va sur-le-champ répliquer, l'on ne se lasse pas d'admirer cette puissance d'attention, qui semblerait un don de la nature, si l'on ne savait qu'elle est une conquête de sa volonté. (Applaudissemens.)

Les jours où une audience ne le retenait point à Paris, M. Tripier se réfugiait avec bonheur à sa campagne de Noisy-le-Sec, où l'appelait l'attrait des vieux souvenirs. C'était sa retraite contre ses cliens, mais non contre ses amis. Là, on le trouvait, tantôt, adroit jardinier, activement occupé à bêcher un coin de terre, tantôt, épuisé de fatigue, assis sur un tertre qu'il avait élevé lui-même, cherchant [le repos dans les dédales d'une affaire. Maire de ce village, il lui créa de riches moyens de communication, un commerce florissant. Ce n'était pas assez pour lui de hâter les travaux par ses conseils; il fallait voir, pendant les vacances, le grand avocat, transformé en intelligent ouvrier, faisant sa corvée comme les autres, partageant leurs fatigues, s'associant à leurs habitudes et préparant ainsi parmi eux, à la sueur de son front, un avenir aujourd'hui réalisé de richesse et d'abondance. Mais comment vous dire l'ineffaçable reconnaissance de ces nombreuses familles, qui trouvaient leur bien-être dans la culture des terres que M. Tripier leur conservait à perpétuité, malgré les offres de tous les envieux? Comment vous peindre cette touchante illusion de ces vieux laboureurs, tellement habitués par une possession continue à s'en croire les propriétaires, que, sûrs à l'avance de voir leur volonté accomplie, ils les donnaient en dot à leurs filles, ou bien en faisaient, avant de mourir, le partage entre tous leurs enfans? Heureux l'homme qui, de nos jours, sut inspirer et respecter cette patriarchale coutume, empreinte de la bonne foi des premiers âges! Aussi, Messieurs, ceux de vous qui ont suivi ses funérailles n'ont pas remarqué sans émotion, derrière les nombreux représentans de la chambre des

Pairs, de la magistrature et du barreau, un plus modeste et non moins nombreux cortége : c'était celui des habitans de Noisy-le-Sec, accourus en foule pour rendre hommage à leur ancien maire, à leur plus zélé bienfaiteur !

Mais c'est dans son intérieur surtout qu'on était heureux de le connaître et qu'on apprenait à le vénérer. Ami constant et dévoué, simple et affectueux dans sa famille, dont il était l'amour et la gloire, il laissait voir en lui l'accord de ces rares qualités dont une seule suffit pour honorer un caractère, la fermeté, la justice, la bonté. « Admis dans son intimité, disait M. Mauguin sur sa tombe, j'ai pu apprécier ses vertus, et ma mémoire reconnaissante n'oubliera jamais qu'il protégea mon jeune âge de son amitié.... »

M. Tripier est mort au travail. Il s'était trouvé mal dans la chambre du Conseil de la Cour de cassation ; deux jours après il voulut reparaître à l'audience et ne put achever son rapport. Un dernier mot le caractérise tout entier. Un jour que, pendant sa dernière maladie M. le Procureur-général lui reprochait affectueusement d'avoir excédé la mesure de ses forces, « *Mon ami*, répondit-il avec tranquillité, *il le fallait bien, c'était une affaire indiquée!...* »

M. Tripier a cessé de vivre le 26 avril 1840. Déjà le barreau a déposé sur sa tombe de solennels adieux. Aujourd'hui nous sommes venus nous recueillir sur sa vie.

Quand on l'examine dans son ensemble, on en voit ressortir deux graves et précieux enseignemens : succès immense obtenu tout entier par de patiens efforts, révolution opérée dans l'éloquence judiciaire, voilà le double titre de M. Tripier à nos souvenirs.

Honneur donc à l'homme qui, par la vie la plus laborieuse de notre époque, nous a révélé le véritable sens de cette maxime : *il y a place pour tous au barreau !*

Honneur aussi au novateur hardi dont le rude marteau, réduisant en poudre les riches débris du vieux temple, a posé les fondemens d'un nouvel édifice ! Ah ! gardons-nous bien de lui faire un trop sévère reproche d'avoir, aux temps de guerre, moins songé à l'embellir qu'à l'entourer de remparts inaccessibles et d'avoir pris plus de soin de sa solidité que de sa magnificence ! Mais aujourd'hui, ne l'oublions pas, la paix est rétablie : l'armure dorée des anciens héros est déposée sur leurs tombes avec leurs glorieuses couronnes. N'est-il pas temps de quitter l'uniforme de guerre ? Et faut-il, par excès de sévérité dans sa parure, laisser périr l'éloquence judiciaire ? Non, Messieurs. Déjà la voie nous est tracée. Voyez, en effet, en présence du vainqueur des anciennes renommées, s'est élevée une génération nouvelle. Sous le Consulat et sous l'Empire, se sont formés de jeunes soldats. Habiles à manier l'arme moderne, ils ont conservé des brillantes manœuvres dont ils ont été témoins quelques heureuses réminiscences. Les talens sont divers : l'un, animé du souffle chaleureux de Gerbier et de Mirabeau, fournit sa course d'un bond impétueux et rapide ; une verve incisive et pénétrante fait ressortir chez l'autre les ressources d'une inépuisable érudition. Celui-ci se distingue par la finesse de sa méthode et par l'élégance de son esprit. A celui-là l'on envie la douce chaleur de son âme, source si pure de sa gracieuse et abondante parole. D'autres enfin, qu'il n'est pas temps de louer, parce qu'il nous est donné chaque jour de les admirer encore, ne brillent-ils pas à nos yeux par des mérites aussi rares que variés ? Mais sous la multiplicité de ces formes, c'est toujours la même école ; c'est l'école fondée par M. Tripier, alliant ses qualités solides aux richesses de l'ancienne éloquence, recherchant la beauté après avoir acquis la force, parant son extérieur enfin pour se montrer en tout digne de son triomphe !

En présence de ces éclatans progrès, qui donc désespérerait de l'éloquence judiciaire ? Comment ne fermerait-on pas l'oreille à ces voix sinistres qui prédisent sa décadence ? Pour nous, Messieurs, qui connaissons son histoire, pour nous qui savons comment elle a successivement grandi, depuis le seizième siècle, à travers les révolutions, ayons foi en son avenir ! Préparons-nous en silence, par des études fortes et sérieuses, à le rendre digne de son passé ; et un jour viendra, n'en doutez pas, où ceux de nous, dont l'heureuse nature aura favorisé les efforts, prouveront à ces prophètes blasphémateurs que l'éloquence du Barreau est encore appelée à de glorieuses destinées ! (Nouveaux applaudissemens.)

A. GUYOT, rue N⁰-des-Petits-Champs, 37.

9 782019 483012